RAPPORT SUR LE PRIX BOUCTOT

SECTION DES BEAUX-ARTS (1904).

Lauréat : M. Hug. DELABARRE, artiste peintre.

____

MESSIEURS,

Il y a quelque vingt ans, un de nos confrères les plus
qualifiés en matière d'art, — qui ne se contente point
d'être un jurisconsulte sagace et un maître de droit
apprécié, et manie le pinceau du paysagiste avec autant
d'autorité que la plume du critique, — vous entretenait,
en une intéressante étude, des « Expositions de Beaux-
Arts Autrefois et Aujourd'hui » (1).

C'était en 1879. Il gémissait alors, non sans raison,
sur l'abondance et le surnombre des œuvres exposées,
— l'indulgence des jurys d'admission, — la préférence
amusée de la foule, pour laquelle la « gentillesse » du
sujet, le soigné de l'exécution, le trompe-l'œil surtout
constituent trop souvent la supériorité de l'œuvre.

(1) M. Samuel Frère, *Précis de l'Académie*, 1880.

Je doute qu'en 1903 notre excellent confrère estime les choses sensiblement changées.

A chaque Exposition de Paris ou de Province, ne continue-t-on pas à *couvrir* des kilomètres de toiles peintes — et c'est un sport de plus ajouté à tous ceux qui sont appelés, paraît-il, à régénérer les humains !

Ne cesse-t-on pas d'admirer la complaisance robuste, vraiment inépuisable, des jurés pour telles œuvres, de qualités... médiocres, sinon absentes ? Et l'on retrouve la foule des visiteurs généralement attroupée devant *la Toilette de Bébé, la Brouille des amoureux, le Chasseur berné, l'Enfant de chœur musard, le Patronet flâneur*, devant la célébrité du jour — personnage politique en vue, coureur en vogue, femme de théâtre en vedette.... ou quelque chose d'approchant, — tout cela souvent dessiné et peint à la vite-vite par quelque *tachiste* en renom, d'aujourd'hui ou de demain, — ou bien blaireauté d'un pinceau méticuleux, propre, reluisant, soucieux du plus petit détail et d'une fidélité quasi-photographique.

Ne concluez pas, Messieurs, de ce préambule qu'il s'agit de médire des expositions et de les condamner !

Telle n'était certes pas la pensée de l'honorable M. Samuel Frère, dont j'évoquais à l'instant les justes appréciations.

N'a-t-il pas exposé lui-même, bon peintre de paysage, maintes fois et avec un succès toujours croissant ? — j'en atteste les toiles exquises envoyées par lui en 1903 aux Salons de Rouen, de Dieppe et d'Evreux ?

N'a-t-il pas, hier encore, comme Président de la

Société Artistique de Normandie, prêté à la Société des Amis des Arts son précieux concours pour l'organisation de l'Exposition Rouennaise ?

Quant à votre rapporteur, loin de médire des expositions, volontiers il déclarerait qu'il les adore.

Cette adoration, toutefois, si elle ne va point jusqu'à déclarer avec Molière que

> Plus on aime quelqu'un, moins il faut qu'on le flatté,

n'ira point non plus à cette autre extrémité de trouver que

> Dans l'objet aimé tout lui devient aimable,

ou de

> Compter ses défauts pour des perfections.

Les Expositions, au surplus, sont trop entrées dans les mœurs pour n'être point devenues comme une des nécessités — agréables — de la vie moderne. Plus que jamais, comme le chantait jadis un autre Académicien qui savait taquiner la muse :

> Les expositions sont à l'ordre du jour.
> De ce siècle c'est la manie :
> Vous y voyez figurer, tour à tour,
> Agriculture, arts, industrie.
> On expose en province, on expose à Paris
> Suivant les mêmes lois, docile aux mêmes modes.
> On expose dans tous pays,
> A Stamboul comme aux Antipodes (1).

....

Donc, puisqu'on expose à Rouen, il est permis de souhaiter discrètement que, dans ces belles salles vitrées

(1) M. Decorde.

du musée municipal, enfin utilisées et où règne une si claire et splendide lumière, les visiteurs n'aient plus, — soyons moins exigeants et disons : aient moins — à subir désormais la fatigue de l'examen de centaines et centaines de numéros, la vision obligatoire de telles productions qu'Alceste eût jugé bonnes à rejoindre le sonnet d'Oronte, le supplice de ne point voir, tant elles sont haut placées, à la cimaise... des vitrages, quelque bonne toile, ou savoureuse aquarelle, ou vigoureuse estampe.

Mais, ces réserves faites, le critique impartial ne manquera point de reconnaître, — avec la jouissance d'art indéniable qu'apportent les Expositions, — les progrès accomplis dans leur organisation matérielle, le souci intelligent de la présentation des œuvres, enfin l'accroissement certain du sens artistique et du talent dans la majorité des exposants, une souplesse et une variété vraiment remarquable de moyens et d'expression.

L'Académie, moins que personne, ne saurait se désintéresser de ces publiques manifestations d'art.

N'est-ce point en effet, Messieurs, notre Compagnie qui, dès 1747, moins de trois ans après sa fondation, créait, sous la direction de J.-B. Decamps, cette Ecole de dessin et de peinture, dont la prospérité et la renommée furent si grandes pendant toute la dernière moitié du xviiie siècle ?

N'a-t-elle pas, en 1838, résolu d'accorder, tous les trois ans, des médailles d'encouragement aux artistes nés ou domiciliés dans l'un des cinq départements de l'ancienne province de Normandie ?

N'est-ce point à elle qu'en 1856, un généreux dona-
teur, — dont nous souhaiterions que l'exemple fût plus
fréquemment imité, — M. Bouctot, léguait une somme
importante pour qu'un prix de 500 francs, alternati-
vement attribué chaque année aux lettres, aux sciences
et aux arts, récompensât tous les trois ans l'œuvre d'art
que l'Académie estimerait la plus digne de cette récompense?

Notre Compagnie jugea, vingt ans après, qu'elle
répondrait mieux encore aux intentions du fondateur
de ce prix, si elle le réservait à un artiste normand,
dont l'œuvre figurerait à l'une des Expositions orga-
nisées à Rouen.

Depuis cette époque, la décision prise en 1876 a été
religieusement appliquée.

Ainsi, l'Académie a non seulement qualité, de par
son titre, ses origines, ses actes, pour suivre avec le
plus vif intérêt les Expositions, mais elle a encore le
devoir, pour répondre à la confiance de M. Bouctot,
d'examiner avec un attentif empressement les œuvres
exposées.

Le dernier prix qu'elle décerna en 1901 dut, par
suite de l'interruption des Expositions municipales
« emportées sans doute comme par un terrible ouragan
que provoqua la grande Exposition de 1900 » (1), être
attribué comme jadis, avant 1876, à un artiste sou-
mettant directement ses œuvres à l'appréciation de
l'Académie.

(1) J. Adeline, *Rapport prix Bouctot*, *Précis*, 1902.

Ce fut le graveur rouennais Henri Manesse — dont notre spirituel confrère, M. Jules Adeline, vous a décrit la vie toute de labeur, de volonté, de probité artistique, — qui reçut alors le prix Bouctot.

Grâce à l'initiative hardie de la Société des Amis des Arts et de la Société artistique de Normandie, secondée par le bienveillant concours de l'Administration Municipale, — et l'Académie est heureuse de les en féliciter publiquement, — les Expositions de beaux-arts ont reparu dans notre ville en 1903.

L'Académie a pu ainsi reprendre les traditions malencontreusement interrompues. Après avoir décidé qu'en raison des circonstances elle décernerait en 1903 le prix Bouctot réservé aux Arts, et dont le roulement amenait le retour seulement en 1904, elle a cherché parmi les deux cents envois d'artistes, répondant aux conditions du programme, c'est-à-dire nés ou domiciliés en Normandie, le lauréat qu'elle doit proclamer aujourd'hui.

La Commission que vous aviez chargée de ce choix a procédé, non sans peine et non parfois sans de vifs regrets, à une première et générale élimination dictée soit par la qualité des œuvres, soit par le passé de leurs auteurs, la réputation, les récompenses précédemment acquises.

Quatre artistes restaient définitivement en ligne : il fallut bien se résigner à en éliminer trois encore.

L'un, peintre de fleurs attitré, de réputation justement méritée, joint, à un dessin très serré et très sûr,

une science de la composition et des coloris digne
d'éloges (1).

L'autre, professeur appréciée autant qu'artiste labo-
rieuse, se recommande par un esprit d'observation, une
recherche de sincérité très louables, dont témoignait
une grande toile, scène populaire prise sur le vif de la
rue d'une ville industrielle voisine (2).

Un troisième, amateur peut-être, mais épris d'art,
armé comme un professionnel, et qui peint d'un pinceau
très délié de jolis paysages parfois teintés d'impressio-
nisme, s'applique, dans des tonalités d'ensemble un peu
gris, à des portraits de notation fine, distinguée, pleine
d'aisance, et... ressemblants. — Le mérite est souvent
trop rare et vaut qu'on le signale.

Deux de ces portraits ont séduit à tel point vos man-
dataires que ceux-ci vous demandèrent de désigner
l'auteur au Jury des récompenses pour recevoir la
médaille d'or mise par votre libéralité à la disposition
des organisateurs de l'Exposition.

Votre choix a été ratifié, je m'empresse de le cons-
tater, par ce jury, et la médaille d'or de l'Académie fut
déclarée à M. André Allard, qui exposait le *portrait
du docteur Dufour* et un *portrait de dame.*

Un quatrième artiste avait attiré, et, plus que ses
confrères, retenu l'attention et l'intérêt par l'allure,
l'inspiration et l'importance des œuvres soumises au
public de l'Exposition Rouennaise.

Déjà, en 1897, l'un de mes prédécesseurs en ce

(1) M. E. Cauchois.
(2) Mlle Mouchel.

8

rapport, parlant d'une toile de ce même peintre, « image
symbolique d'un faire un peu lourd » (1), y découvrait
l'évidente préoccupation de dégager la pensée de l'interprétation matérielle.

C'est la même préoccupation d'ordre élevé, et qui
n'est point le fait d'un esprit banal, que l'Académie a
reconnue dans la principale des œuvres exposées en
1903 par M. Eugène Delabarre; — et de là, surtout, la
décision qu'elle a prise de déférer à cet artiste le prix
Bouctot.

M. Delabarre, né à Rouen le 9 février 1865, ancien
élève du Lycée-Corneille, où il eut comme professeurs
de dessin MM. Melotte et Zacharie, obtenait en 1883,
dans cet établissement, la médaille de vermeil offerte
par la Société des Amis des Arts.

Cette première récompense coïncidait, à un an
près, avec l'attribution faite à l'un de ses maîtres,
Ph. Zacharie, par l'Académie (1884) de ce même prix
Bouctot que l'élève reçoit aujourd'hui à son tour.

Une année passée, — après ses succès du lycée, —
aux cours de l'Ecole régionale des Beaux-Arts de
Rouen, et les dispositions naturelles dont il était doué,
permirent à M. Delabarre d'être reçu en 1886 au
concours de l'Ecole nationale des Beaux-Arts, à Paris.

Il fut de l'atelier Gérôme et, dès 1892, nous le voyons
admis au Salon, avec un portrait de jeune fille. En
1895, le portrait de son père lui valait à Rouen une
médaille d'argent, et une récompense identique était

____

(1) Samuel Frère, *Rapport prix Bouctot, Précis* de 1897.

accordée à un portrait de Mme Delabarre mère, à l'Exposition nationale de Rouen (1896).

Tous ces portraits — ainsi qu'un autre d'homme à figure énergique et au franc regard — sont des œuvres sérieuses, bien conçues, solidement dessinées, auxquelles manquent peut-être, dans la facture, un grain d'originalité et un brin de fantaisie.

Mais le bagage de notre jeune peintre rouennais avait déjà assez d'importance pour attirer sur lui l'attention.

Aussi confia-t-on à Eugène Delabarre le soin de dessiner le menu du banquet de clôture de l'Exposition nationale de Rouen. Beaucoup d'entre vous se rappellent, Messieurs, cette charmante composition, d'allure décorative et de gracieux agencement : « La Normandie accueillant la France ».

L'année suivante, le peintre déjà mûri, plus sûr de sa pensée et de sa main, abordait ce qu'on est convenu d'appeler la grande peinture, avec une toile : *Entre deux idéals*, qui fut très remarquée au Salon de 1897, puis à l'Exposition de Rouen, où elle reçut la médaille d'or de la Société artistique de Normandie.

Dans un décor d'architecture très soignée et très finie, assise sur un haut siège, une figure hiératique de jeune vierge, nimbée d'or, parée de bijoux, aux longs vêtements drapés, élevant de ses deux mains fines des lys blancs, — symbole de pureté, — domine un groupe de deux personnages.

A gauche, une femme, placée sur les marches au haut desquelles trône la vierge, épanouit les grâces de sa

jeunesse et de son opulente nudité, et le charme de son
sourire,

> Car toute femme au pli des lèvres porte un brin
> De rire, comme un brin de lilas blanc qui tremble
> En grappe de lumière odorante, et qui semble
> — Le joli rire en fleur ! — appeler tout ensemble
> Et l'abeille divine et le divin baiser (1).

En face de ces deux femmes, à droite de la composition, incliné dans une attitude bien chercheuse et
bien réfléchie, la palette à ses pieds, un jeune peintre
songe. A laquelle de ces deux inspiratrices, la vierge
pure ou la créature folle, livrera-t-il son âme et
vouera-t-il sa passion ?

Peut-être, comme le disait la critique que je rappe-
lais il y a quelques instants, peut-être cette image
symbolique est-elle d'un faire un peu lourd ?

Peut-être aussi la composition manque-t-elle de
réelle et puissante originalité ?

L'œuvre de M. Delabarre a le mérite de procéder
d'une inspiration morale élevée, et d'exprimer, sans
obscurité d'exécution, l'idée maîtresse de l'artiste. —
Mérite plus réel encore, — elle permet non seulement
de penser à la *volonté* de son auteur, à ce qu'il a voulu
dire, mais encore, suivant l'expression d'un écrivain
moderne, très averti en matière d'art, elle permet à
l'esprit « de partir d'elle pour aller plus loin dans
l'émotion » (2).

(1) Albert Thomas, *Lilas en fleurs*.
(2) Camille Mauclair, *L'identité et la fusion des arts*.

1898 et 1899 apportaient au Salon les deux toiles que M. Delabarre a envoyées cette année à notre exposition : *Judith* (mention honorable 1898) et *les Nymphes recevant Ophélie* (mention honorable à l'Exposition de 1900).

Judith était, il faut le reconnaître en toute sincérité, fort mal placée dans le grand hall de notre musée, sur les hauteurs d'un coin de panneau, sous la lumière éclatante et crue que déversait, à travers le velum blanc, le voisinage immédiat du plafond vitré.

Or, l'intérêt essentiel de ce tableau de grandes dimensions, réside moins dans le sujet tant de fois traité de l'héroïne juive, cette Charlotte Corday de l'Ancien Testament, que dans la façon dont M. Delabarre a éclairé la scène tragique — disons plutôt, mélodramatique.

Telle qu'il l'a conçue en effet, cette scène ne diffère point assez de l'interprétation courante des *Judith et Holopherne* peints par des peintres de tous siècles, de tous pays et de toutes écoles.

L'artiste sera le premier à sourire si je rappelle, à ce propos, une petite caricature qui fut faite de sa toile en 1898, et où quelque irrévérencieux Saloniste, substituant au large coutelas, dans la main de Judith stupéfaite, un vulgaire parapluie, écrit comme légende : « Au moment de couper avec son riflard la tête à Holopherne, Judith s'aperçoit que la tête, les bras et une jambe manquent à celui-ci ! »

Donc, l'attrait de l'œuvre de M. Delabarre repose avant tout dans les jeux de lumière bleutée et rougeâtre,

savamment opposés ou confondus, et qui dénotent une
étude raisonnée, patiente, des lois de la réflection et des
mélanges colorés.

Les Nymphes recevant Ophélie, mieux partagées
que la *Judith* aux reflets, avaient à l'Exposition les
honneurs de la cimaise, — de la vraie cimaise.

Dans la vaste salle, elles voisinaient avec *la Sara-
bande* empanachée de Roybet, — *la Femme à la
chaise*, si simple et si vraie, de Roll, — *les Roses et
Lys*, vibrants et translucides, de Mme Mac-Monniès, —
cette *Cathédrale* au portail fantastique dans sa réalité
fouillée, de Claude Monet, — les beaux portraits sérieux
et profonds, de vie intensive, par Walter Thor,
Ypermann, Fougerat, Mme Beaury-Sorel, — *le Vil-
lage breton*, de vision si pure, si saine, si juste, par
Samuel Frère, — *l'Audience*, d'ample et spirituel
réalisme, par Forain, — l'exquis *Portrait de femme
en bleu*, chef-d'œuvre d'esprit, de légèreté et de facture,
par Léandre, et tant d'autres morceaux de choix.

M. Delabarre était certes en bonne compagnie. Son
œuvre pouvait, sans trop de présomption, soutenir la
comparaison et le voisinage de ces peintres d'élite, —
non pas qu'elle fût exempte de toutes critiques (notre
lauréat est assez rompu au *métier* de son art pour en
être surpris et ne les point admettre), — mais parce
qu'elle révèle les qualités sérieuses, pondérées, inté-
ressantes dont a déjà fait preuve sa toile précédente des
deux Idéals.

J'extrais d'un compte rendu de l'Exposition de Rouen,
publié par le *Journal des Arts*, l'appréciation suivante

qu'on m'excusera de reproduire et qui qualifie bien, à mon sens, la manière et le talent de l'artiste : « M. Eugène Delabarre n'est certes point le premier venu : il a le pinceau délicat, la palette douce, la brosse discrète. D'une nature fine et impressionnable, d'un spiritualisme très prononcé, il cherche, sans souci de l'actualité ni de la mode, sans préoccupation de la vente ou du placement de ses toiles, à traduire sa pensée toujours élevée, sa vision toujours imprégnée d'un classicisme naturel et convaincu » (1).

C'est bien, à mon humble avis, l'impression qui se dégage de l'*Ophélie* de M. Delabarre. On se rappelle la toile.

Le peintre, dans sa légitime indépendance d'artiste, rompt avec la tradition qui représente la douce et pitoyable enfant, telle que la montre Shakespeare, — ici : entrant en scène, « des fleurs et des pailles bizarrement arrangées dans ses cheveux flottants » ; — là : « dans la prairie, aux bords d'un ruisseau profond, la tête couverte de guirlandes bigarrées de renoncules, d'orties, de marguerites et de ces longues fleurs d'un pourpre pâle que les filles nomment doigts de mort », — ou bien encore « tombée dans le ruisseau, sa guirlande en mains, ses robes enflées l'ont soutenue quelque temps à la surface des ondes comme une naïade, et, ainsi portée, elle chantait des fragments d'antiques ballades... » Mais bientôt ses vêtements, « abreuvés d'eau », comme dit Shakespeare, ont entraîné la pauvre infortunée : le ruisseau recouvre son corps délicat et charmant.

(1) N° 51, du 1er juillet 1903, Henri Chartraine.

M. Delabarre, en nous montrant au sein même de
l'onde la chaste amante d'Hamlet, a cédé à l'émotion
poétique qui pousse l'artiste à évoquer l'âme des choses
et à les personnifier. Ces Naïades, dont il entoure
Ophélie, ce sont les eaux elles-mêmes qui, émues et
tendres, enveloppent comme de caresses le corps de la
pauvre enfant et le déposent bien doucement sur le lit
d'algues et de mousses où s'endort pour jamais son
infortune.

Le groupe est joliment composé et le peintre a mis
toutes ses complaisances et toutes les grâces dont il
dispose en cette suave figure de la fiancée du prince de
Danemarck.

Il faut le louer de cet idéalisme qui l'a porté, d'ins-
tinct comme de réflexion, à poétiser encore, s'il est
possible, l'héroïne déjà si poétique du grand dramaturge
anglais, l'Ophélie « à la chevelure blonde comme le
lin », celle que Shakespeare appelle, par la bouche
d'Hamlet, des doux noms : « Rose de mai, jeune vierge,
tendre sœur… »

Trop de jeunes peintres, de la génération qui naît
avec le XXᵉ siècle, sont en effet disposés aux exagé-
rations contraires. Ils se complaisent en des scènes où
dominerait plutôt un réalisme violent et brutal, tel
qu'on le comprend dans les cabarets à la Bruant ou
dans les « Théâtres libres » de Montmartre « la Butte
sacrée ».

C'est donc surtout l'artiste désintéressé, épris de cet
idéalisme poétique, traditionnel, qui fut la gloire de
l'Ecole Française et dont, à son honneur, les repré-

sentants sont encore nombreux, que l'Académie a entendu récompenser en décernant à M. Eugène Delabarre le prix Bouctot.

Elle est loin, je l'atteste, de méconnaître le vif attrait des formules nouvelles ; elle loue très volontiers les efforts généreux d'une pléiade d'artistes passionnés vers des interprétations plus imprévues et moins classiques de la nature, de la légende ou de l'histoire. Mais elle a été tout particulièrement touchée par la persistance de simplicité, de correction harmonieuse, de sincérité discrète que révèle, Monsieur, l'ensemble de votre œuvre, et qu'elle trouve comme synthétisée dans l'une de vos toiles de l'Exposition de Rouen : *les Nymphes recevant Ophélie*.

L'Académie sait avec quelle joie vous avez accueilli sa décision : elle sait aussi que — récompensé ou non — vous auriez toujours suivi, vous suivrez toujours, — sans faiblir, — la route d'art très uni, très simple, très élevé que vous vous êtes tracée, car vous êtes, avec moins de panache et de brillant, mais avec autant de ténacité et plus de modestie, de ceux qui disent comme Cyrano de Bergerac :

> Non ! l'on ne se bat pas dans l'espoir du succès.
> Non, non, c'est bien plus beau lorsque c'est inutile !

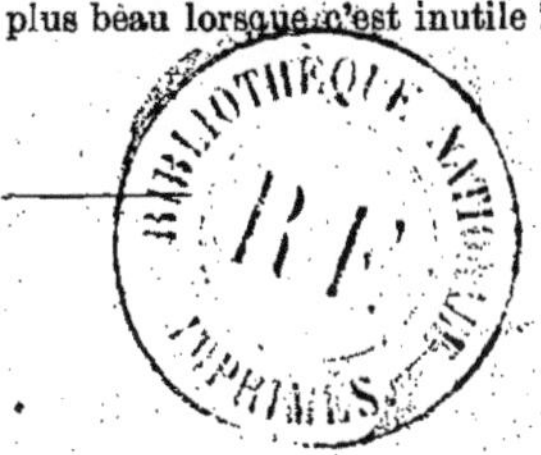

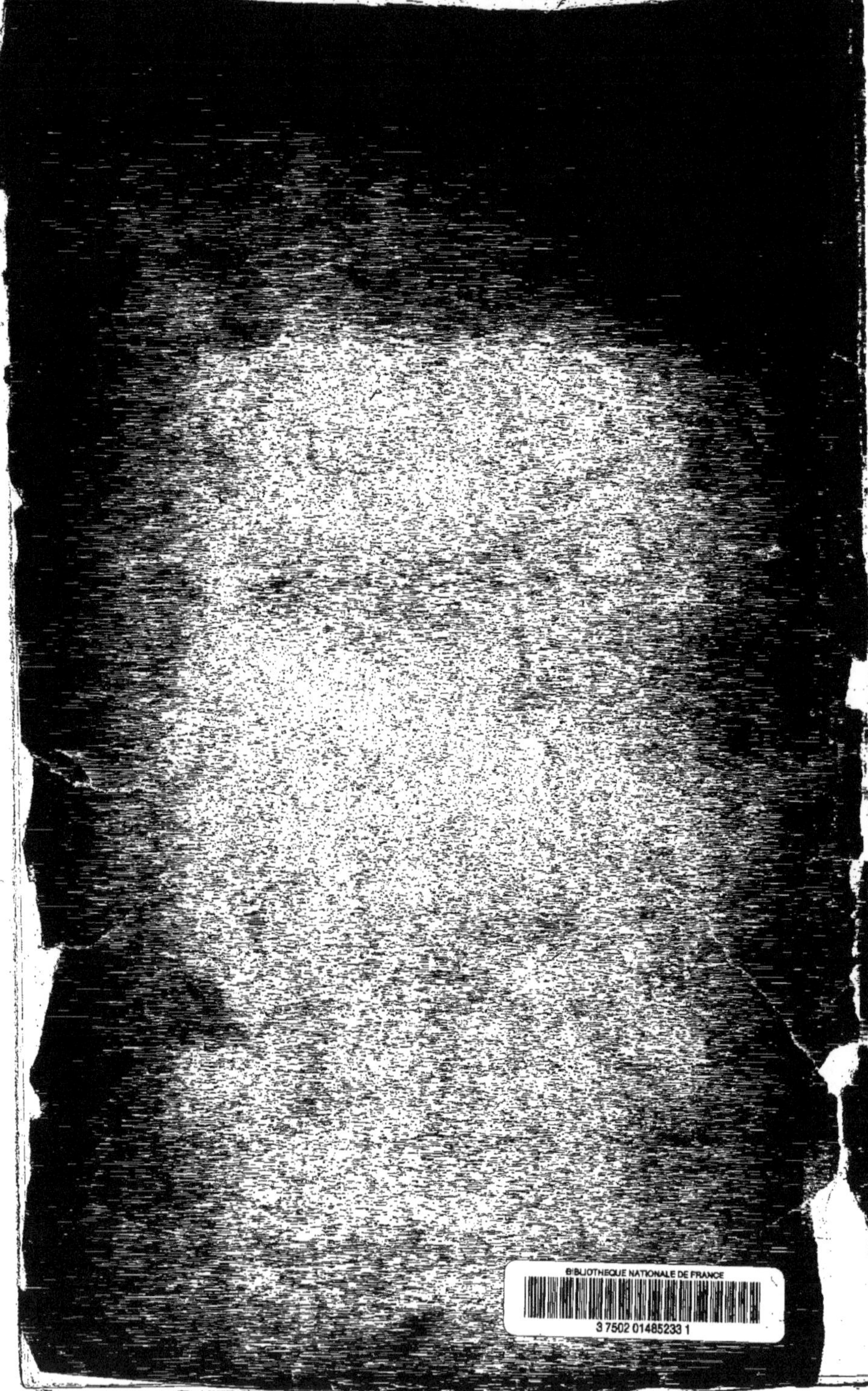
BIBLIOTHEQUE NATIONALE DE FRANCE
3 7502 01485233 1